AF555832

1904 Juin 24

VENTE VAN R***

LES VENDREDI 24 ET SAMEDI 25 JUIN 1904

HÔTEL DROUOT, SALLE N° [illegible]

[illegible]

BEAUX TABLEAUX MODERNES

[illegible]

J. ISRAELS, A. MAUVE et H. MESDAG

ET AUTRES

RICHE MOBILIER MODERNE

TAPISSERIES ANCIENNES

[illegible]

OBJETS DE CURIOSITÉ

TENTURES, TAPIS, ETC.

EXPOSITION PUBLIQUE

LE JEUDI 23 JUIN 1904

[illegible]

COMMISSAIRE-PRISEUR	EXPERTS
Me MAURICE D[illegible]LESTRE	MM. PAULME & B. LASQUIN FILS
[illegible] Saint-G[illegible], Paris	[illegible] rue Chauchat [illegible] rue Laffitte, Paris

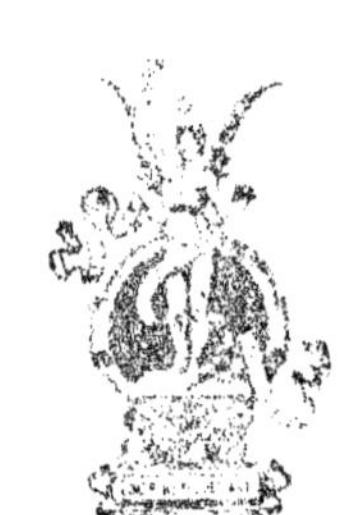

VENTE VAN R***

CATALOGUE

DE

Beaux Tableaux Modernes

PAR

J. ISRAELS, A. MAUVE et H. MESDAG

TABLEAUX, AQUARELLES, GRAVURES, ETC.

Riche Mobilier Moderne

BELLE CHAMBRE A COUCHER DE STYLE LOUIS XVI

AMEUBLEMENT DE BUREAU EN ACAJOU ET CUIVRE, DE STYLE LOUIS XVI

MEUBLE DE SALON DE STYLE LOUIS XVI, EN BOIS SCULPTÉ ET DORÉ

COUVERT EN TAPISSERIE D'AUBUSSON, A FLEURS

MEUBLES ET SIÈGES DIVERS

TAPISSERIES ANCIENNES DES XVIe ET XVIIe SIÈCLES

HORLOGE MONUMENTALE DU TEMPS DE LOUIS XIII

FAIENCES, PORCELAINES, VERRERIE, ETC.

BRONZES, MARBRES ET OBJETS DIVERS

Argenterie de ODIOT — Plaqué

TENTURES, RIDEAUX, TAPIS, LINGE, CUISINE, ETC., ETC.

VINS FINS

DONT LA VENTE AURA LIEU

HOTEL DROUOT, SALLE N° 6

LES VENDREDI 24 ET SAMEDI 25 JUIN 1904

à deux heures

COMMISSAIRE-PRISEUR	EXPERTS
Me MAURICE DELESTRE	**MM. PAULME & B. LASQUIN FILS**
5, rue Saint-Georges	10, rue Chauchat — 12, rue Laffitte

Chez lesquels se trouve le présent Catalogue

EXPOSITION PUBLIQUE

Le Jeudi 23 Juin 1904, de 1 heure 1/2 à six heures

EXPOSITION PARTICULIÈRE DES TABLEAUX

CHEZ MM. LASQUIN FILS, 12, RUE LAFFITTE, DU LUNDI 20 AU MERCREDI 22 JUIN, DE 9 H. A 5 H.

VENTE VAN R***

CATALOGUE

DE

Beaux Tableaux Modernes

PAR

J. ISRAELS, A. MAUVE et H. MESDAG

TABLEAUX, AQUARELLES, GRAVURES, ETC.

Riche Mobilier Moderne

BELLE CHAMBRE A COUCHER DE STYLE LOUIS XVI

AMEUBLEMENT DE BUREAU EN ACAJOU ET CUIVRE, DE STYLE LOUIS XVI

MEUBLE DE SALON DE STYLE LOUIS XVI, EN BOIS SCULPTÉ ET DORÉ

COUVERT EN TAPISSERIE D'AUBUSSON, A FLEURS

MEUBLES ET SIÈGES DIVERS

TAPISSERIES ANCIENNES DES XVIe ET XVIIe SIÈCLES

HORLOGE MONUMENTALE DU TEMPS DE LOUIS XIII

FAIENCES, PORCELAINES, VERRERIE, ETC.

BRONZES, MARBRES ET OBJETS DIVERS

Argenterie de ODIOT — Plaqué

TENTURES, RIDEAUX, TAPIS, LINGE, CUISINE, ETC., ETC.

VINS FINS

DONT LA VENTE AURA LIEU

HOTEL DROUOT, SALLE N° 6

LES VENDREDI 24 ET SAMEDI 25 JUIN 1904

à deux heures

COMMISSAIRE-PRISEUR

Me MAURICE DELESTRE

5, rue Saint-Georges

EXPERTS

MM. PAULME & B. LASQUIN FILS

10, rue Chauchat — 12, rue Laffitte

Chez lesquels se trouve le présent Catalogue

EXPOSITION PUBLIQUE

Le Jeudi 23 Juin 1904, de 1 heure 1/2 à six heures

EXPOSITION PARTICULIÈRE DES TABLEAUX

CHEZ MM. LASQUIN FILS, 12, RUE LAFFITTE, DU LUNDI 20 AU MERCREDI 22 JUIN, DE 3 H. A 5 H.

CONDITIONS DE LA VENTE

Elle se fera expressément au comptant.

Les acquéreurs paieront *dix pour cent* en sus des prix d'adjudication.

L'exposition mettant le public à même de se rendre compte de l'état et de la nature des objets, il ne sera admis aucune réclamation, une fois l'adjudication prononcée.

Paris. — Imp. de l'Art, E. MOREAU et Cie, 41, rue de la Victoire

N° 1. — ISRAELS

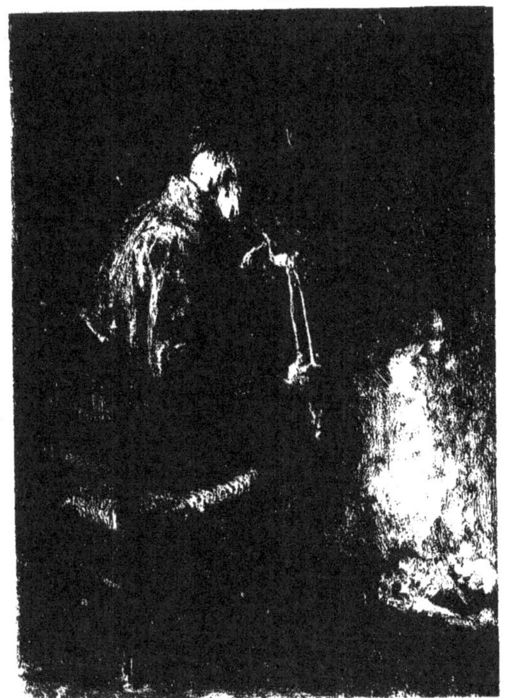

Phototypie Berthaud, Paris

N° 3. — MAUVE

DÉSIGNATION

N° [illegible]

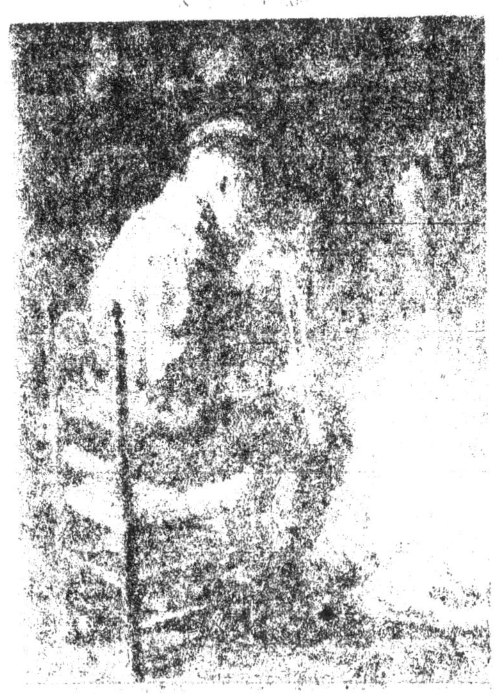

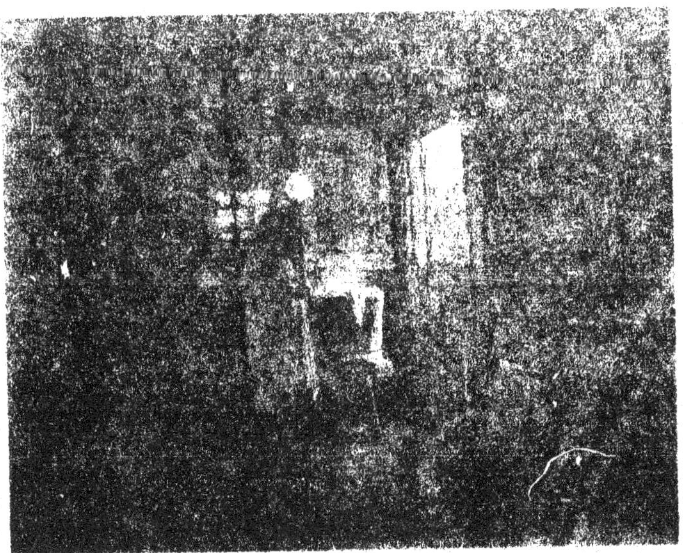

N° 3 [illegible] Mauve

DÉSIGNATION

BEAUX TABLEAUX
MODERNES

PAR

ISRAELS, MAUVE, MESDAG

ISRAELS
(JOSEPH)

1 — *Le Fumeur.* — (*The Smoker.*)

Un vieillard, assis sur une chaise de paille devant la cheminée dont le feu brille, allume sa pipe avec un tison rouge, qu'il tient au bout des pincettes.

Toile signée.

Haut., 38 cent.; larg., 28 cent.

Œuvre célèbre de l'Artiste.

(L'eau-forte originale du Maître, du même sujet, a été éditée par MM. Arnold et Tripp, à Paris.)

ISRAELS
(JOSEPH)

2 — *Le Dernier regard.*

Une jeune fille, assise sur l'herbe au sommet de la falaise dominant la mer, regarde s'éloigner une barque de pêche.

Toile signée.

Haut., 24 cent.; larg., 32 cent.

N° 1. — Mesdag

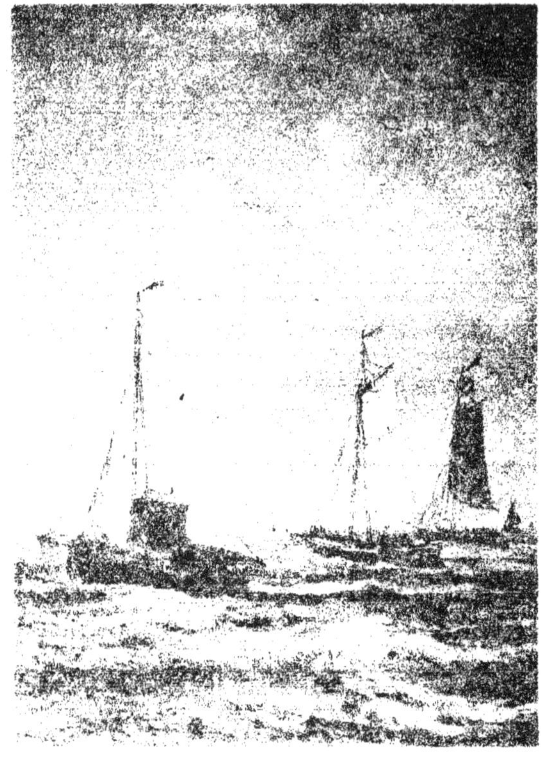

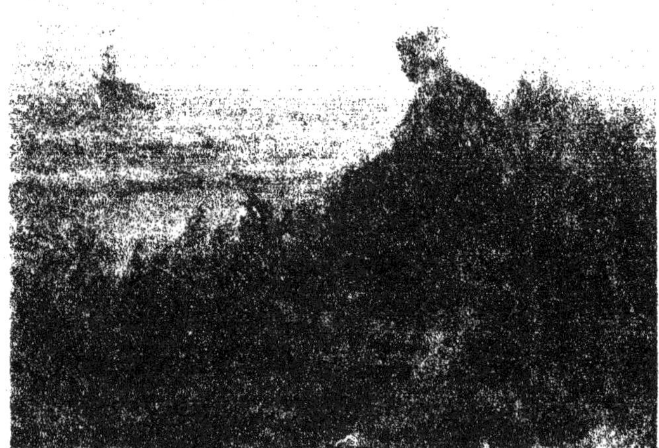

N° 2. — Israëls

N° 4. — Mesdag

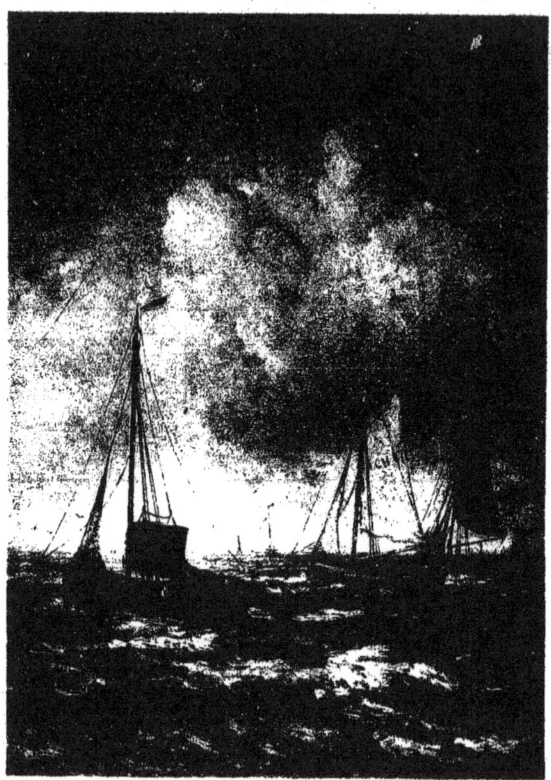

Phototypie Berthaud, Paris

N° 2. — Israels

MAUVE

(A.)

3 — *La Laveuse.*

Dans une pauvre cabane en planches, une femme lave du linge dans un baquet posé sur un trépied auprès d'une porte, dont la partie haute ouverte laisse voir un jardin et éclaire l'intérieur d'un aspect misérable.

Très intéressante toile, signée.

Haut., 32 cent.; larg., 40 cent.

MESDAG

(H.)

4 — *Barques de pêches en mer.*

Belle et importante œuvre de l'artiste.

Toile signée.

Haut., 1 m. 10 cent.; larg., 80 cent.

TABLEAUX MODERNES

AQUARELLES, DESSINS, GRAVURES, ETC.

BACCIARELLI

5 — *Vue de Venise.*

Aquarelle.

BLANCHE
(J.-B.)

6 — *Portrait d'une Jeune Femme.*

Toile signée, datée 95.

Haut., 65 cent. ; larg., 55 cent.

CARCE
(GEORG)

7 — *Deux Paysages.*

Faisant pendant.

Toile. Haut., 41 cent.; larg., 87 cent.

CRÊTY

8 — *Deux Petits Portraits de Jeunes Italiens et Italiennes.*

Cadres à feuillages ajourés en bois sculpté et doré.

KOUSSIOL

(A.)

9 — *La Seine, à Argenteuil.*

Pastel signé et daté 88.

Haut., 23 cent.; larg., 35 cent.

PERLBERG

(DE MUNICH)

10 — *Vue du Karlsbrücke à Nurenberg.*

Aquarelle signée.

TERNI

(A.)

11 — *Vue de la Terrasse d'une villa, animée de personnages, sur les bords de la Méditerranée.*

Toile. Haut., 55 cent.; larg., 67 cent.

ÉCOLE MODERNE

12 — *Vaches à la prairie.*

Petit panneau.

ÉCOLE MODERNE

13 — *Scène galante en Italie.*

Toile. Haut., 60 cent.; larg., 58 cent.

ÉCOLE MODERNE

14 — *Paysage en hiver ; effet de soleil couchant.*

Toile. Haut., 56 cent.; larg., 78 cent.

VALLIN

(D'après)

15 — *Érigone et Ariane.*

Deux gravures anciennes.

16 — Portrait de Femme, dans un cadre monumental en bois sculpté et doré. Travail allemand. Époque Louis XIV.

17 — Lot de photographies, fac-similé et gravures modernes, vingt pièces environ. (Sera divisé.)

ARGENTERIE ET MÉTAL

18 — Montre d'homme, en or.

19 — Service à thé et café en argent ciselé, de style Louis XV, composé d'un grand et d'un petit plateau, théière, cafetière, pot à crème, pot à lait et sucrier. *De la Maison Odiot.*

20 — Deux flambeaux, de l'époque Louis XIII, en argent.

21 — Flambeau, de l'époque Louis XIII, en argent.

22 — Salière, de l'époque Louis XVI, en argent.

23 — Service en argent, composé : de douze grands couverts et douze grands couteaux à manche en argent, douze couverts à entremets, vingt-quatre couteaux à dessert, dont douze à lame d'argent, douze cuillers à café, douze fourchettes à huitres, service à poisson et à salade, louche, pince à sucre, ciseaux à raisins et deux pelles à sel. *De la Maison Odiot.*

24 — Dix-huit couteaux à dessert, dont six à manches en argent, six à manches en porcelaine et six à manches en nacre.

25 — Porte-huilier avec poivrier en argent.

26 — Petite ménagère en argent.

27 — Timbale en argent.

28 — Deux ronds de serviettes en argent.

29 — Petite cafetière et petite théière en argent, anse en bois.

30 — Quatre dessous de carafe en argent.

31 — Cinq cuillers à café en argent, dont deux cassées.

32 — Fort lot d'ustensiles en métal anglais et de chez Christofle, tel que : porte-toast, petit réchaud, cafetières, théières, pots à lait et à crème, sucrier, corbeille à pain, six couverts à entremets, pelle à sucre, six cuillers à café, etc.

33 — Cafetière russe avec son réchaud, petite casserole et plat à œuf en bi-métal argenté.

FAIENCES, PORCELAINES
GRÈS ET BISCUITS

34 — Six assiettes en faïence de Delft, décor polychrome.

35 — Deux vases en faïence de Delft, décor bleu.

36 — Trois potiches, avec leurs couvercles, en faïence de Delft, décor bleu.

37 — Deux plats en faïence hispano-mauresque.

38 — Soupière en faïence italienne.

39 — Grosse bouteille en ancienne porcelaine de Chine, décor bleu, offrant quatre réserves de fleurs sur fond blanc.

40 — Potiche, avec son couvercle, en porcelaine de Chine, décor bleu, sur pied et support en bois noir.

41 — Six assiettes en porcelaine de Chine, décor polychrome.

42 — Cinq tasses, décor polychrome, et un sucrier avec son couvercle, décor capucin, à réserves de fleurs, en porcelaine de Chine.

43 — Quarante-cinq assiettes plates et creuses, rondes et octogonales, en porcelaine du Japon, à décors différents, en bleu et polychrome.

44 — Dix-sept plats ronds et octogonaux, de dimensions différentes, en porcelaine du Japon, décor bleu.

45 — Dix tasses et trois soucoupes en porcelaine du Japon, décor bleu.

46 — Deux plats creux en porcelaine du Japon, décor polychrome.

47 — Deux vases, avec leurs couvercles, en porcelaine de Berlin, décor de fleurs et réserves de personnages.

48 — Six assiettes en porcelaine de Saxe, bordure ajourée, médaillons de personnages et paysages.

49 — Lot de porcelaines et faïences diverses, vases, potiches, cache-pot, etc.

50 — Vase en porcelaine, à décor de fleurs; monture en bronze doré, de style Louis XVI.

51 — Vase en porcelaine, avec couvercle, décoré de chrysanthèmes et dorure.

52 — Bonbonnière en émail de Saxe, à sujets de personnages. Époque Louis XV.

53 — Objets de vitrine : groupes, tasses, bonbonnières, etc., en porcelaine et faïence.

54 — Buste de Dante en grès de Sèvres, par *Cordonnier, 1887*.

55 — Petite pendule en biscuit et bronze doré. Époque du premier Empire.

56 — Lot de verrerie, tels que vases, porte-bouquets, verres, coupes, etc.

BRONZES, MARBRES

OBJETS DIVERS

57 — Deux petites pendules en bronze doré. Epoque Empire.

58 — Pendule en bronze ciselé et doré. Epoque de la Restauration.

59 — Petite pendule en bronze doré : Joueur de tambourin. Epoque de la Restauration.

60 — Deux flambeaux, girandoles à quatre lumières, de style Louis XV, en bronze argenté.

61 — Grand vase brûle-parfums, monté sur un dragon, en bronze chinois.

62 — Lampadaire patiné, disposé pour l'électricité.

63 — Lustre en bronze doré, à sept lumières, disposé pour l'électricité.

64 — Lampe de bureau, en bronze doré, disposée pour l'électricité, et ventilateur électrique.

65 — Suspension de salle à manger, en bronze argenté, avec lampe et neuf bougies disposées pour l'électricité.

66 — Suspension d'antichambre, en bronze; globe et deux tulipes. Disposée pour l'électricité.

67 — Deux galeries de foyer, chenets, pare-étincelles, porte-pelle et pincettes, de style Louis XV, en bronze.

68 — Garniture de bureau, de style Louis XVI, composée d'un écritoire, et deux flambeaux en bronze doré et patiné.

69 — Deux vases japonais, en métal.

70 — Statuette de Christ, en bronze argenté ; socle en marbre.

71 — Paire de flambleaux en étain patiné, modèle à gaine.

72 — Paire de chenets avec pelle et pincettes, en fer forgé et poli.

73 — Gaine-support, en bois sculpté et doré.

74 — Chevalet, en bois sculpté, laqué et en partie doré.

75 — Rouet, en bois tourné, de style Louis XIII.

76 — Horloge, en bois peint et cuivre.

77 — Miroir en bois sculpté, de forme ovale.

78 — Deux miroirs en bois doré.

79 — Miroir de style Louis XVI, en bois sculpté et peint.

80 — Couronnement de meuble, en bois sculpté et découpé.

81 — Colonne-support en marbre gris.

82 — Gaine formant pendule, en marbre onyx et de couleur, émaux et bronzes.

83 — Buste en marbre blanc : Jeune fille figurant la Moisson.

84 — Statuette de la Vierge et l'Enfant Jésus, en ivoire sculpté, travail du XVIIe siècle. Sur socle en bois sculpté doré.

85 — Deux lampes, avec pied en onyx et bronze doré, disposées pour l'électricité.

86 — Lot de sabres japonais et armes orientales.

87 — Collection d'insectes.

88 — Microscope Zeiss, avec ses accessoires.

MEUBLES ET SIÈGES
ANCIENS ET MODERNES

89 — Horloge monumentale, en bois sculpté mouliné avec marqueterie, et appliques et statuettes en bronze doré; mouvement indiquant les heures, les secondes, les quantièmes, les mois, la lune, etc.; avec sonnerie à carillon et musique en bon état. Travail hollandais du XVIIe siècle.

Haut., 3 mètres.

90 — Bureau en marqueterie de bois, à personnages ; la partie supérieure ouvrant à onze tiroirs, avec casier au milieu et la partie inférieure ouvrant à neuf tiroirs. Anneaux et entrées de serrures en bronze ciselé doré. Epoque Louis XIII.

91 — Table à quatre pieds en bois sculpté. Epoque Louis XIV.

92 — Bibliothèque, de style Louis XVI, en bois d'acajou moucheté, ouvrant à deux portes vitrées et deux tiroirs à la partie inférieure ; sur chaque côté, une colonne en acajou à canelures ; décorée de filets de cuivre.

Haut., 2 m. 30 cent. ; larg., 1 m. 50 cent. ; épaiss., 47 cent.

93 — Bibliothèque semblable à la précédente, sauf quelques variantes dans la décoration des filets et canelures de cuivre. Mêmes dimensions.

94 — Bureau ministre, de style Louis XVI, en bois d'acajou, orné de filets et canelures de cuivre. Dessus de drap rouge.

95 — Bureau plat à quatre pieds canelés, en acajou orné de filets de cuivre ; dessus de cuir rouge.

96 — Applique-support, de style Louis XVI, en acajou orné de filets de cuivre.

97 — Belle chambre à coucher, de style Louis XVI, composée d'une armoire à glace à deux portes

biseautées, d'un lit et d'une table de nuit, en bois d'acajou richement orné de bronzes dorés, tels que nœuds de rubans, guirlandes de roses, lauriers feuillages, draperies rais de cœur, mascarons vases; et de plaques en biscuit encadrées de guirlandes de fleurs en bronze ciselé et doré.

98 — Grande et belle commode, de style Louis XV, en bois de marqueterie à fleurs, richement ornée de rocailles; chutes, sabots, poignées en bronze ciselé et doré.

99 — Meuble de salon, composé d'un canapé, quatre fauteuils à médaillon, en bois sculpté doré, de style Louis XVI, et garni de tapisserie d'Aubusson figurant des gerbes de fleurs en couleur sur fond damassé. État de neuf.

100 — Ecran en acajou, orné de bronzes avec feuille représentant un paysage en broderie à la chenille. Epoque de la Restauration.

101 — Vitrine, de style Louis XV, en bois de rose, décorée de pastorales peintes au vernis et ornée de bronzes dorés.

102 — Petit meuble d'entre-deux en bois de placage, ouvrant à une porte décorée d'une pastorale peinte au vernis; garniture de bronze doré et dessus de marbre.

103 — Table, de style Louis XV, en bois de marqueterie à fleurs, ornée de bronzes ciselés et dorés.

104 — Paravent à trois feuilles, en bois sculpté et doré, de style Louis XV, avec glace dans la partie supérieure.

105 — Guéridon à trois pieds, tablette d'entre-jambes, en acajou et cuivre doré; dessus de marbre onyx et galerie de cuivre.

106 — Toilette en bois d'érable et marbre blanc.

107 — Petite table, avec tablette d'entrejambes, en bois laqué,

108 — Petite étagère en bois, porcelaines et glaces.

109 — Petit paravent porte-photographie, à trois feuilles, peint au vernis.

110 — Petit support, de style oriental.

111 — Table-guéridon en marqueterie de bois de couleur, avec appliques en bronze doré.

112 — Deux colonnes-supports en bois noir, l'une avec appliques en cuivre.

113 — Petite servante-console à un tiroir en bois de placage.

114 — Petite bibliothèque tournante en bois de palissandre et marqueterie de citronnier.

115 — Table à quatre pieds-balustres et croisillons en bois tourné.

116 — Dressoir à étagère en bois sculpté et marqueterie.

117 — Armoire-buffet, ouvrant à une porte, en bois sculpté.

118 — Petite table turque, de forme octogonale, en bois sculpté.

119 — Petit guéridon à trois volets en noyer.

120 — Banquette d'antichambre formant coffre à bois, en bois mouluré et marqueterie de couleur. Époque Louis XIII.

121 — Chaise de l'époque Louis XVI en bois sculpté, peint et doré.

122 — Banquette-divan en bois sculpté, monture garnie en velours, dossier et siège en tapis oriental.

123 — Fauteuil, en forme d'X, en bois sculpté, garni de velours et tapis.

124 — Six chaises de salle à manger en acajou.

125 — X en bois sculpté, de style oriental.

126 — Petite banquette, de style Louis XV, en bois sculpté, garnie de soie rouge.

127 — Chaise orientale en marqueterie.

128 — Tabouret, de style oriental, garni de satin rouge brodé.

129 — Fauteuil et deux chaises de bureau en bois d'acajou, à cannelures et filets de cuivre, recouverts de cuir rouge.

130 — Deux grands fauteuils et chaise-longue en cuir rouge.

131 — Chaise, de style Louis XVI, en bois sculpté.

132 — Tabouret, de style Louis XV, en bois laqué, couvert de velours gris.

133 — Fauteuil, chaise-longue en bois ciré, couverts de peluche, et deux chaises cannées en bois d'érable.

134 — Chaise-chauffeuse, couverte d'étoffe brodée d'or.

135 — Deux petits tabourets à trépied en bois, à marqueterie de fleurs polychromées.

136 — Coffre-fort peint, imitant le bois.

TAPISSERIES ANCIENNES

TENTURES, TAPIS

137 — Tapisserie flamande, représentant Moïse sauvé des eaux; fond de paysage avec cavaliers, guerriers, village et château. Époque, fin du XVIe siècle.

Haut., 2 m. 60 cent.; larg., 2 m. 65 cent.

138 — Encadrement de baie, formé de trois côtés de bordure en tapisserie d'Aubusson, à motifs d'écussons dans les milieux et les angles, fleurs et feuillages.

Haut., 2 m. 90 cent.; larg., 1 m. 65 cent.

139 — Tapisserie d'Aubusson, à sujet de personnages, avec bordure à fruits et fleurs sur un côté. Époque Louis XIV.

Haut., 2 m. 40 cent.; larg., 1 m. 95 cent.

140 — Deux portières, formées d'une tapisserie coupées en deux parties égales; grands feuillages avec oiseaux et animaux. Commencement du XVIe siècle.

Haut., 2 m. 40 cent.
Longueur totale, 1 m. 50 cent.

141 — Trois dessus de table.

142 — Lot de peaux formant tapis.

143 — Lot de coussins.

144 — Quatre rideaux et quatre encadrements de fenêtres, et portes en reps crème, avec appliques en soie.

145 — Trois décorations de fenêtres et une paire de portières, avec lambrequins en soie brochée.

146 — Tapis-carpette encadré de rouge uni.

147 — Tapis-carpette encadré de gris clair uni.

148 — Carpette, décor polychrome sur fond rose, encadrée de vert uni.

149 — Huit stores et six brise-bise.

150 — Quatre stores et six brise-bise.

151 — Quatre stores et quatre brise-bise.

152 — Dessus de lit en filet, avec larges rubans bleus.

153 — Carpette, décor polychrome sur fond damassé encadré de vert uni.

154 — Deux garnitures de fenêtres, deux portières, un baldaquin et rideau de lit, en étoffe gris perle.

155 — Deux garnitures de fenêtre et une portière, en soie verte brodée.

156 — Objets non catalogués, mobilier courant, batterie de cuisine, linge, etc.

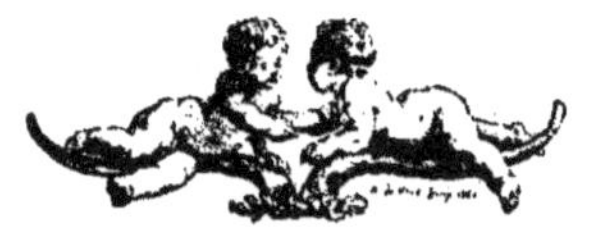

www.ingramcontent.com/pod-product-compliance
Lightning Source LLC
LaVergne TN
LVHW020259230826
846091LV00006B/2478

* 9 7 8 2 3 2 9 5 0 5 3 8 1 *